Erstauflage 2013
Texte: Kurt Hörtenhuber
Illustrationen: Günter Bender
ISBN 978-3-902763-41-9

© Copyright by
Verlag OUPS GmbH & Co KG
A-4910 Ried im Innkreis, Austria
Volksfeststraße 16
www.oups.com

OUPS©

Mit Freude durchs Leben

Die wahren Werte
   für unser Lebensglück
sind oft in der Tiefe verborgen.

Einleitung

Im Band 17 vermittelt Oups, warum es den Bewohnern auf seinem Stern so leicht fällt mit „Freude durchs Leben" zu gehen.

Mit liebenswerten Zeichnungen und Lebensweisheiten zaubert dieses Buch den LeserInnen ein Lächeln auf die Lippen – zugleich soll diese Geschichte mit viel Tiefgang zum Nach- und Umdenken anregen.

Ist Ihnen Oups bereits begegnet?

*Oups lebt auf einem fernen Stern, dem „Planet des Herzen",
auf dem das größte Gut die Liebe ist.
Streit, Neid oder Missgunst kennt man dort oben nicht.*

*Weil Oups wissen wollte, warum die Menschen ganz anders
leben, sich viele das Leben so schwer machen, streiten und
sogar Kriege führen, beschloss er zur Erde zu fliegen
und zwei Geschenke zu überbringen: die Liebe und die Freude …*

*So wurden die Menschen zu Freunden und die Erde zu einem Ort,
den er immer wieder gerne besuchte …*

Schon bei seinem ersten Besuch auf Erden hatte Oups viele neue Freunde gewonnen. Seither ist ihm das Wohl unseres Planeten mit all seinen Bewohnern ein großes Anliegen. Ja, und auch die Natur hier liebt er noch genauso, wie an jenem Tag, an dem er zum ersten Mal die Schönheit der Wiesen, Felder, Berge, Täler, Flüsse, Seen, Wälder und des Meeres erblickt hatte.

Weil er wieder einmal erkunden wollte, was es da unten Neues gibt und wie es seinen Freunden geht, beschloss er, sich erneut auf die Reise zur Erde zu machen …

Die Welt anderer Kulturen
verstehen zu lernen,
sind die Pflänzchen für Glück
und Frieden auf Erden.

Mit Freude und Dankbarkeit küsste Oups den Boden, als er nach seiner weiten Reise auf der Erde angekommen war. Das hätte er aber wohl besser bleiben lassen, denn er war direkt am Strand eines Meeres gelandet. So war es nicht verwunderlich, dass nach seinem „sandigen Begrüßungskuss" seine Zähne etwas knirschten. Doch lebensfroh, wie er war, ließ er sich davon nicht beirren und schöpfte mit den Händen etwas Wasser aus dem Meer, um sich seinen Mund zu reinigen. Auch das hätte er wohl lieber nicht tun sollen.

„Brrr … nicht gerade süß dieses Wasser hier", dachte er und musste über sich selbst lachen. Schließlich konnte auch das seine positive Stimmung und die Freude, wieder hier zu sein, nicht trüben. Ganz im Gegenteil. Fröhlich pfeifend, voller Neugierde und in froher Erwartung, an diesem schönen, sonnigen Tag bald „Erdlinge" zu treffen, stapfte er den Strand entlang. Er war nur ein kurzes Stück spaziert, als er in einer Bucht vier Männer erblickte. Sie saßen im Sand und starrten wortlos zum Meer hinaus.

Wer dem Leben mit dem Herzen begegnet,
lässt dem Ärger keine Chance.

Oups begrüßte sie freundlich und schwärmte: „Was für ein wundervoller Tag, ein echter Glückstag." Weil jedoch keiner von ihnen seine Freude mit ihm teilte, sondern sie ihn eher verwundert anblickten, fragte er: „Freut ihr euch nicht über diesen schönen Tag?"

Da antwortete einer nach dem anderen

„Ich bin zum Wellenreiten hier, doch die Wellen sind viel zu niedrig heute. Ein Glückstag ist es dann, wenn sich die Wellen im Wasser ganz hoch aufbäumen", sagte der Erste wenig erfreut..

„Ach was", sagte der Zweite, der ein kleines Boot besaß. „Ein Glückstag ist, wenn die Oberfläche des Wassers ganz glatt ist. Heute ist das Wasser zu unruhig, um mit dem Boot hinaus fahren zu können.

„Für mich ist ein Glückstag nur dann, wenn das Wasser ganz klar ist. Nur so kann ich unter Wasser gut sehen", sagte der Dritte, der ein begeisterter Taucher war.

Jede Glückswelle hat ihr Auf und Ab.
Glücklich ist, wer sich an beidem erfreuen kann.

Oups musste lachen. „Nun, das Meer hat es nicht gerade leicht mit euch. Dem einen ist das Wasser zu ruhig, dem anderen zu unruhig und dem Dritten ist es nicht klar genug – also für niemanden von euch ist es ein Glückstag, wie ich das so sehe."

Noch während er dies zu den drei Männern sagte, bemerkte er einen kleinen Fisch, der immer wieder aus dem Wasser hüpfte, um auf sich aufmerksam zu machen.

Oups stapfte knietief ins Meer, um ihm ganz nahe zu kommen. Denn wie du vielleicht schon weißt, kann Oups mit allen Tieren und Pflanzen sprechen.

Nachdem er dem kleinen Fisch ein Weilchen zugehört hatte, ging er an das Ufer zurück. „Was für ein Glück – für diesen Fisch und alle seine Freunde ist heute ein Glückstag."

„Warum? Was hat er gesagt?", fragte der Surfer neugierig.

„Er sagte: Für mich ist immer ein Glückstag, weil es Wasser gibt und ich mit ihm eins sein darf", antwortete Oups.

Das Leben wird viel wertvoller,
wenn wir fühlen können,
dass alles in unserer Welt miteinander
in Verbindung steht.

Da meldete sich nun auch der vierte Mann in der Runde zu Wort, der zugleich der älteste unter ihnen war.

„Ja, Glück ist nicht das, was wir uns erwarten oder uns wünschen, sondern all jenes, wofür wir jetzt, in diesem Moment, dankbar sein können – und das ist aus meiner Sicht sehr viel. So viel, dass eigentlich jeder Tag für mich ein Glückstag ist. Leider habe ich das erst als alter Mann erkannt und verstanden. Jetzt, wo mein Leben sich zu Ende neigt. Glaubt mir: Das Glück ist dort, wo wir es sehen. Wenn wir es nur in den hohen Wellen sehen, die wir uns wünschen, dann beschränken wir selbst unser Glück."

Nach diesen Worten trank der alte Herr genussvoll einen Schluck Wasser aus dem Becher, den er zuvor bei einem kleinen Brunnen gefüllt hatte. Dann klopfte er Oups auf die Schultern und sagte mit einem Augenzwinkern: „Was für ein wundervoller Tag! Heute ist ein echter Glückstag!"

Du hast es in der Hand, aus jedem Tag einen Glückstag zu machen.

Der alte Herr reichte Oups die Hand und stellte sich vor: „Ich heiße übrigens Karl. Schön, dich kennenzulernen. deine Lebenseinstellung gefällt mir. Ich sehe, du gehst mit Freude und Dankbarkeit durchs Leben. Das ist hier leider nicht bei allen der Fall, wie du siehst."

„Na, na … du warst früher auch nicht immer gut drauf", erwiderte der Surfer.

„Ja, leider. Ich habe mir das Leben damit selbst schwer gemacht, statt so wie Oups, stets mit Freude durchs Leben zu gehen. Aber ich habe dazugelernt", antwortete Karl lächelnd. Daraufhin diskutierten sie lange angeregt miteinander über die Wirkung der eigenen Lebenseinstellung – so lange, bis Karl sich verabschiedete, um zu seinem nahegelegenen Haus zu spazieren. Oups staunte, als er sah, wie er trotz seines hohen Alters mit Leichtigkeit und Spaß über die kleinen Steinhaufen hüpfte, die sich ihm in den Weg stellten.

„Das ist Lebensfreude", dachte er und machte sich wenig später daran weiterzuziehen.

Mit einem sonnigen Gemüt lassen sich die Hindernisse des Lebens viel leichter überwinden.

„Ich bin gespannt, ob ich noch mehr Menschen wie Karl begegne, die mit so viel Freude durchs Leben gehen?", fragte sich Oups und beschloss in Gedanken: „Ich werde die Menschen einfach fragen, was sie glücklich macht."

Kurz darauf sah er eine junge Mutter, die ihm freudestrahlend mit einem Kind in den Armen entgegenkam.

„Da brauche ich wohl nicht zu fragen", sagte Oups leise vor sich hin, als er die leuchtenden Augen von Mutter und Kind sah, die einander immer wieder aufs Neue zum Strahlen brachten und sich gegenseitig ein Lächeln entlockten.

Nur wenige Meter vor ihm setzte die Mutter ihren Schützling in eine Wiese nahe dem Strand. Sofort begann das kleine Mädchen auf allen vieren zu krabbeln und betastete voller Neugierde das Gras, bis es ein kleines Hölzchen entdeckte, mit dem es interessiert spielte. Dazwischen wanderte sein Blick immer wieder zurück zur Mutter – und schon strahlten beide wieder voll Freude.

Kinder lehren uns,
wie einfach Glück sein kann.

Die Glückseligkeit des kleinen Mädchens stimmte Oups noch fröhlicher. „Von Kindern kann man wohl am besten lernen, wie einfach Glück sein kann … und wie man mit Freude und Neugierde durchs Leben geht … oder, wie in diesem Fall, durchs Leben krabbelt", dachte er sich.

Als ihn der Weg bei den beiden vorbeiführte, grüßte er höflich – und die junge Mutter grüßte freundlich zurück. Sofort krabbelte die Kleine auf ihn zu, um Oups voll Stolz das Hölzchen zu zeigen, das sie gerade entdeckt hatte.

„Da hast du ja eine tolle Entdeckung gemacht", lobte Oups, wohlwissend, dass ihm das Kind noch nicht antworten konnte. Doch der Blick der Kleinen sagte ihm mehr, als es Worte sagen könnten.

Nur wenige Meter entfernt saß Karl auf einer Holzbank vor seinem kleinen Haus. Ein Weilchen beobachtete er das Geschehen von dort, dann erhob er sich und spazierte zu ihnen hinüber.

Die Sprache des Herzens bedarf keiner Worte.

„Ein echtes Glückskind", sagte er zur jungen Mutter.
„Ja, das ist es wirklich", antwortete sie.
„Ich habe aber dich gemeint, meine Liebe", sagte Karl
und zwinkerte der jungen Frau zu.
„Du bist ein Glückskind, denn du hast das größte Geschenk
erhalten, das dir das Leben machen kann."

„Ja, stimmt, Opa", sagte sie voll Stolz und strich ihrer
kleinen Tochter liebevoll durch das Haar, worauf das
Leuchten in ihren Augen noch strahlender wurde.
So erfuhr Oups nun auch, dass Karl der Urgroßvater des
kleinen Mädchens war.

„Kinder zeigen uns den wahren Sinn des Lebens –
sie leben um zu lieben und um geliebt zu werden",
sagte Karl, „deshalb sind sie das größte Geschenk."

Da erinnerte sich Oups an ähnliche Worte seines eigenen
Großvaters. „Mein Opa hat immer gesagt, dass wir alle
deshalb hier sind, um zu lieben und Liebe zu empfangen."

Lieben heißt, ein Stück von unserem Glück weiterzugeben.

„Ja so ist es – zu lieben, das wäre unsere Lebensaufgabe. Und würden alle Menschen diese Aufgabe wahrnehmen, dann hätten wir ein Paradies auf Erden. Auch ich habe zu lange darüber hinweggesehen, was meine Aufgabe ist, weil ich zu wenig auf mein Herz, dafür zu oft auf mein Ego gehört habe. Erst als alter Mann habe ich erkannt, dass Liebe das kostbarste Gut ist und für jeden von uns in unendlicher Fülle vorhanden ist."

Oups nickte. „Ja, Liebe, die wir weitergeben, breitet sich um uns herum aus und wächst zugleich im eigenen Herzen."

Bei diesen Worten nahm die Mutter ihr kleines Mädchen und drückte es ganz liebevoll an sich.
„Du wirst das nicht vergessen, mein Schatz und ich auch nicht. Das verspreche ich dir", sagte sie zu ihrem Kind und drückte dem Töchterchen einen zärtlichen Kuss auf die Stirn.

„Warum sind wir bloß nicht alle Kinder geblieben?", fragte Karl mit einem Augenzwinkern und Oups stimmte mit einem Lächeln zu.

Nachdem sie noch ein Weilchen miteinander geplaudert hatten, schenkte Oups dem kleinen Mädchen zum Abschied eine Muschel, die er zuvor im Sand gefunden hatte.

Bald darauf führte ihn sein Weg in die Nähe einer kleinen Stadt. Schon von weitem war viel Trubel zu hören und reges Treiben zu erkennen. Als dann ein junger Mann in Sportkleidung an ihm vorbeilief, rief ihm Oups nach: „Ganz schön was los hier! Gibt es ein Fest?"

Der junge Mann blieb ganz kurz stehen und antwortete: „Heute ist Wettkampftag. Ich muss mich noch aufwärmen." Und schon war er wieder weg.

Neugierig näherte sich Oups, um das Geschehen aus nächster Nähe zu erkunden.

„Hallo Oups, das ist ja eine Überraschung. Du bist wieder hier. Das freut mich", begrüßte ihn ein junger Mann der ebenfalls Sportkleidung trug. Es war Nick, den Oups schon bei seinem letzten Besuch kennen gelernt hatte.

Neugierde und Erkundungsdrang
sind der Nährstoff für unsere Entwicklung.

„Hallo, Nick, schön dich wieder zu sehen", grüßte Oups und umarmte seinen Freund.

„Wie geht es dir? Machst du etwa auch mit?", wollte Nick von Oups wissen.

„Wo soll ich mitmachen? Worum geht es hier?"

„Heute ist großer Wettkampftag. Jeder kann mitmachen."

„Wettkampftag? Warum wird heute gekämpft?"

„Du kannst ja Fragen stellen. Keine Angst, es ist kein Krieg. Wir kämpfen nur darum, wer der Schnellste bei unserem großen Hindernislauf ist. Siehst du die Strecke mit all den Hindernissen. Wer sie am schnellsten bewältigt und als Erster dort hinten das Ziel erreicht, ist der große Sieger. Ich habe das ganze Jahr darauf hintrainiert. Drück mir die Daumen, Oups, gleich geht´s los. Ich muss jetzt zum Start. Wir sehen uns nachher."

„Na, dann viel Glück, Nick", wünschte ihm Oups.

Es dauerte nicht lange, und der Startschuss löste ein großes Gedränge aus. Mehr als hundert Sportlerinnen und Sportler kämpften sich über die Hindernisse, teilweise etwas rücksichtslos. Galt es doch, vorne dabei zu sein – oder besser noch – alle zu überholen.

Oups verfolgte das Spektakel und sah, wie sich sein Freund Nick abmühte, um sich an die Spitze vorzukämpfen.
Doch alle Mühe half nichts. Nach der Hälfte der Strecke begannen seine Kräfte nachzulassen. So fiel Nick Platz um Platz zurück.

„Früher war ich auch immer dabei, konnte aber nie etwas gewinnen", hörte er plötzlich eine Stimme neben sich.
Es war Karl, der ebenfalls gekommen war, um das Sportspektakel zu beobachten.

Gemeinsam schauten sie sich gespannt das Rennen an, bis der letzte Läufer das Ziel erreicht hatte.

Ist unser Blick nur auf ein Ziel gerichtet,
übersehen wir die vielen Geschenke,
die das Leben für uns täglich bereit hält.

Wenig später kam Nick völlig erschöpft auf die beiden zu. Sein Gesichtsausdruck ließ schon von Weitem erahnen, dass er sehr enttäuscht zu sein schien. Oups wusste zwar nicht, welchen Platz sein Freund nun tatsächlich erreicht hatte, gratulierte ihm aber aus vollem Herzen: „Super, Nick, du warst ja echt flott unterwegs."

„Ach was", erwiderte Nick verärgert, „Platz 29 – das ist wirklich mies – es war eben nicht mein Tag heute."

„Nimm´s nicht so tragisch", sagte Karl, „du hast alles gegeben und das ist entscheidend. Heute waren eben die Gegner stärker."

„Gegner?" fragte Oups. „Warum nennt ihr die anderen Läufer Gegner?"

Da schmunzelte Karl. „Ja, bei uns Menschen scheint der Konkurrenzkampf ein bisschen härter zu sein, als auf deinem Stern. Wie sieht denn eigentlich dort oben ein Wettkampf aus?"

Wahre Größe zeigt, wer sich auch über den Erfolg anderer freuen kann.

„Wettkampf? Konkurrenz? Gegner? – So etwas gibt es bei uns nicht", antwortete Oups.

„Gibt es bei euch etwa keine Sportveranstaltungen?", fragte Nick, immer noch völlig außer Atem.

„Doch, die gibt es schon. Auch in unserem Dorf."

„Und, geht es da etwa nicht darum zu siegen?"

„Schon", erklärte Oups, „aber etwas anders als bei euch. Bei unserem großen Sportfest geht es nicht darum, dass jemand als Erster das Ziel erreicht, sondern dass es alle schaffen. Das ganze Dorf macht mit – Jung und Alt. Wie lange jemand braucht, spielt keine Rolle. Ziel ist, dass alle den Gipfel unseres Berges erreichen, ja ALLE, die mitmachen möchten. Das mag etwas einfach klingen, ist aber eine große Herausforderung für alle Bewohner. Für manche ist es zwar ein Leichtes den Gipfel zu erreichen, für Ältere und Schwächere jedoch genau das Gegenteil.

Um ALLE auf den Gipfel zu bringen, heißt es zusammenhalten, so gut es nur geht. Unser gemeinsames Ziel zu erreichen, ist nämlich nur möglich, wenn alle einander helfen – die Kräftigen den Schwächeren, die Mutigen den Ängstlichen …"

„Und dann?", fragte Nick neugierig.

„Wenn es alle bis zum Gipfel geschafft haben, danken wir einander, umarmen uns und jubeln vor Freude. Danach wird im Dorf gemeinsam bis in die Nacht hinein gefeiert. Denn, alle sind Sieger – Sieger des Herzens, weil alle einander geholfen haben."

Karl war sichtlich gerührt. Er überlegte kurz und sagte dann mit einem Augenzwinkern: „Das klingt echt gut! Kannst du mich bitte mitnehmen zu euch. Bei so einem Sportfest würde auch ich, alter Herr, gerne mitmachen."

Da musste Nick lachen und sagte dann etwas verlegen:
„Ich bin auch dabei! Da oben kann ich nie mehr ein
Verlierer sein."

Oups legte seinen Arm um Nick und meinte tröstend:
„Du bist auch hier auf Erden nie ein Verlierer, wenn du
dich selbst nicht als Verlierer siehst. Du hast dein Bestes
gegeben – das ist das Wichtigste. Damit bist du ein Sieger –
ein Sieger über dich selbst!"

„Weißt du, Oups", sagte Karl, das Traurige ist, dass bei uns
auf der Erde in vielen Bereichen zu wenig Wert darauf gelegt wird, das Miteinander zu fördern, wie es auf
eurem Stern gelebt wird. Unsere Gesellschaft ist leider
zu viel auf Wettbewerb ausgerichtet. Nicht nur, was den
Sport betrifft, sondern auch im beruflichen Alltag.
Fast alle Firmen stehen im wirtschaftlichen Wettbewerb.
Das führt nicht selten zu einem unsinnigen Konkurrenzkampf und erhöht zugleich den Leistungsdruck im
Beruf mehr und mehr.

Will jemand ständig mehr und mehr,
wird die Last im Leben schwer.

Glaub mir, ich könnte dir dazu viele unschöne Geschichten erzählen, die ich im Laufe meiner Jahre so erlebt habe."

Zustimmend sagte auch Nick seine Meinung: „Ja, so ist es. Und leider macht dieses Konkurrenzdenken und der damit verbundene Leistungsdruck auch vor der Schule nicht Halt. Wir leben damit, ständig benotet, verglichen und beurteilt zu werden – ja, und nicht selten sogar verurteilt, wenn die Noten sehr schlecht ausfallen. Oups, sag uns, wie ist das eigentlich bei euch oben?"

Noch bevor Oups antworten konnte, meldete sich Karl noch einmal zu Wort: „Oh, da haben wir jetzt heikle Themen angesprochen. Um dies zu klären, haben sich bei uns schon viele den Kopf zerbrochen … Gebildete … und Eingebildete … entschuldige, das konnte ich mir jetzt nicht verkneifen."

Oups musste schmunzeln und zwinkerte mit den Augen. „War ja nicht so gemeint von dir, oder?"

Jeder von uns ist einzigartig, so wie er ist.

Dann überlegte Oups kurz, bevor er auf die Frage von Nick antwortete: „Auch wir sind bemüht, gute Leistungen zu erbringen. Was wir jedoch dabei nicht machen ist, einander zu beurteilen und zu vergleichen. Jedes Wesen ist auf seine Weise einzigartig. Du kannst mich nicht mit anderen vergleichen, genauso wenig, wie du mich mit anderen gleich machen kannst. Das gilt auch für euch und für alle Menschen dieser Welt. Jeder von euch ist einzigartig, so wie er ist. Unser oberstes Ziel bei der Bildung, sowie all unser Denken und Tun, ist stets auf das Wohl ALLER ausgerichtet.
So wie es bei unserem Sportfest darum geht, dass alle einander unterstützen damit am Ende ALLE glücklich sind, so ist es auch in anderen Bereichen, wie in der Schule oder im Arbeitsleben. Es gibt nichts Schöneres, als dafür zu leben, dass es allen gut geht. Das versuchen wir den Kindern schon in jungen Jahren zu vermitteln und vor allem vorzuleben. Wir unterstützen ALLE Kinder, ihre persönlichen Talente zu erkennen, zu fördern und die Liebe in ihren Herzen zur Entfaltung zu bringen."

Werte vermittelt man am besten, indem man sie selbst lebt.

„Das klingt zwar sehr einfach, ist jedoch in Wirklichkeit viel komplexer", warf Nick ein.

„Aber nur, weil wir Menschen es selbst kompliziert gemacht haben", meinte Karl. „Wir haben Systeme erschaffen, die sich mittlerweile verselbstständigt haben und undurchschaubar sind. Im Moment wird hier auf Erden wesentlich mehr Energie dafür aufgewendet, Systeme aufrecht zu erhalten, als ehrlich und gezielt etwas Neues für das Wohl unserer Welt zu erschaffen."

Nach diesen Worten blickte Karl traurig um sich und ergänzte resignierend: „Und so wie es aussieht, werde ich es wahrscheinlich nicht mehr erleben, dass sich etwas zum Besseren wendet. Es wird die Aufgabe von euch Jungen sein, Nick – allerdings keine einfache Aufgabe – was meinst du, Oups?"

„Genau darin liegt aber der Schlüssel: in der EINFACHHEIT!", antwortete Oups. „Ihr seid - wie wir - von Geburt an, mit den nötigen Fähigkeiten dafür ausgestattet worden."

„Und was sind das für Fähigkeiten?" fragte Nick erstaunt.

Man braucht manchmal nur
ganz kleine Brücken zu bauen,
damit das große Glück
zu uns findet.

„Die Fähigkeiten, einfacher zu denken, mehr zu fühlen und vor allem, sich vom Herzen führen zu lassen. Überlasst die Entscheidungen nicht allein dem Verstand. Denn, ist der Verstand nicht mit dem Gefühl verbunden – also mit unserem Herzen – so kann es passieren, dass unser Ego die Macht ergreift. Macht über uns selbst und andere. Das Ego ohne die Verbindung zum Herzen will kontrollieren, will bestimmen, will regeln, will besitzen. Wenn ihr jedoch auf eure innere Stimme hört und vertraut, werdet ihr eure wahre Bestimmung erfahren. Wir tun das, indem wir uns jeden Morgen Zeit nehmen, um in Stille nach innen zu hören, bevor wir Entscheidungen für den neuen Tag treffen.

Wartet nicht nur darauf, dass Politiker, Lehrer oder Manager die Welt für euch in Ordnung bringen. Ich weiß, das klingt sehr belehrend, doch es gibt nur einen Weg für eine bessere Welt und damit für euer Glück: Eigenverantwortung."

„Oups, das hat gesessen …", sagte Karl etwas bedrückt und nickte dabei zustimmend.

„Was soll sich in dieser Welt ändern, wenn ich meine Eigenverantwortung wahrnehme, die anderen aber nicht", protestierte Nick.

„Das kann ich dir nicht sagen", antwortete Oups, „doch eines weiß ich ganz sicher: Wenn du nichts tust, änderst du sicher nichts."

„Ja, das stimmt", sagte Karl, „wie heißt es doch so schön: Nichts ändert sich – außer wir ändern uns. Das sollte jedem Einzelnen von uns bewusst sein."

„Habt ihr da oben nicht auch so etwas wie eine Regierung, die Gesetze erlässt, um euer Leben zu regeln?", fragte Nick.

„Wir haben den Rat der Weisen, dem alle Altersgruppen angehören – Alt wie Jung. Dieser Rat prüft alle Vorschläge und Anregungen der Bewohner, indem sie gemeinsam in der Ratsgruppe gelebt werden. Wird die Idee als sinnvoll empfunden, so wird sie später in verschiedenen Dörfern von den Dorfbewohnerinnen und -bewohnern ausprobiert.

Unsere Zeit braucht Herzlichkeit.

So kann sich jeder von uns persönlich davon überzeugen, welche Auswirkungen die vorgeschlagene Lösung hat. Entspricht der Vorschlag dem Allgemeinwohl, so wird er von allen Bewohnern als Weisung angenommen und von jedem Einzelnen gelebt."

„Das klingt ja wirklich interessant", sagte Karl. „Auch von unseren Politikern werden sehr viele Vorschläge gemacht und Gesetze erlassen, doch immer noch gibt es zu viel Armut, Krieg und Ungerechtigkeit in unserer Welt."

„Ja, so ist es", sagte Nick. „Oups, nenne uns doch ein paar Beispiele. Welche Weisungen hat es denn bei euch in letzter Zeit gegeben, die auch heute noch gelebt werden?"

„In letzter Zeit keine mehr. Die letzte Weisung wurde Generationen vor meiner Geburt erlassen und hat seither immer noch Gültigkeit."

„Was … das kann doch nicht sein. Was für ein Beschluss kann so lange Zeit bestehen?"
Karl und Nick warteten gespannt auf eine Erklärung.

Unsere Entscheidungen im Alltag haben Einfluss auf das Glück der ganzen Welt.

„Ganz einfach", sagte Oups. „Es ist nur ein Satz, der lautet: *Achte darauf, dass es deinem Nächsten ein kleines bisschen besser geht als dir selbst!"*

Karl und Nick waren verwirrt. Nachdenklich blickten sie Oups an.

„Aber, wenn …" sagte Nick, sprach aber nicht mehr weiter.

„Ich kann mir vorstellen, was du denkst", sagte Oups.
„Du wolltest vermutlich gerade sagen: ´Aber wenn die anderen nicht mitmachen.´
Ja – und genau darin liegt das Problem hier auf Erden.
Doch stell dir vor, JEDER von euch lebt diesen Gedanken."

Karl nickte und sagte dann voller Überzeugung:
„Es würden alle von uns mit viel mehr Freude durchs Leben gehen. Ja, Oups hat Recht: Es wäre so einfach …"

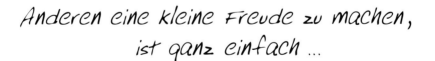

Anderen eine kleine Freude zu machen,
ist ganz einfach ...

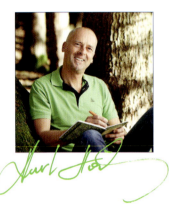

GESCHICHTE / SPRÜCHE

Kurt Hörtenhuber

Es ist ein Geschenk für mich, dass ich mir in meinen Geschichten mit „Oups" die Welt so erschaffen darf, wie ich sie mir wünsche …
… für mich … für meine Familie … für meine Freunde …
für alle Menschen auf Erden. „Träum weiter", werden sich vielleicht manche denken. Das werde ich auch. Ich werde weiter träumen und möchte viele von Euch mit meinem Traum anstecken.
Dem Traum von einer friedvollen Welt in der alle Menschen *mit Freude durchs Leben* gehen.

Herzliche Grüße und viele Freude im Leben.

ILLUSTRATIONEN

Günter Bender

"Das Lächeln, das du aussendest, kehrt zu dir zurück", sagt ein Sprichwort. Umso mehr ist es mir eine Freude mit meinen Zeichnungen ein Lächeln in die Welt zu schicken. Es lässt mich die heiteren und unbeschwerten Seiten des Lebens wiederentdecken, die wir als Kinder täglich (er)lebten, als Erwachsene jedoch oft verdrängen.
Freude zu teilen, achtsam und liebevoll miteinander umzugehen, trägt dazu bei, unsere Welt zu einem sonnigeren Ort zu machen …
… und es ist so einfach.

Ich wünsche Euch viel Freude mit diesem Buch.

OUPS©

Liebenswerte Gedanken für eine lebenswerte Welt

Mehr über „Oups"
mit einer Übersicht
aller Bücher
und Geschenkartikel,
sowie Lese- und Hörproben
finden Sie unter:

www.oups.com